a baleia-corcunda

Texto e Ilustrações
Rubens Matuck

EDITORA BIRUTA
São Paulo - 2011

AGRADECIMENTOS
Nossos sinceros agradecimentos às pessoas que gentilmente nos deram sua inestimável ajuda na realização do trabalho de edição desta obra.

Prof. Dr. Adayr Mafuz Saliba
Isben de Gusmão Câmara
Hilda Therezinha Pecora Lisboa
Dra. Nicia Wendel de Magalhães

Dados Internacionais de Catalogação na Publicação (CIP)
do Departamento Nacional do Livro

M445 Matuck, Rubens.
A baleia-corcunda/Texto e ilustrações Rubens Matuck. – São Paulo: Biruta, 2003.
16p. : il. color. ; 22cm.

ISBN 978-85-88159-07-5

1. Literatura infantojuvenil. I. Título.

CDD 808.899282

7ª edição - 2011

Texto e Ilustrações
Rubens Matuck

Projeto Gráfico e Editoração Eletrônica
Casa Rex

Coordenação Editorial
Editora Biruta

Edição em conformidade com o novo acordo ortográfico da língua portuguesa.

Editora Biruta Ltda.
Rua Coronel José Eusébio 95 Travessa Dona Paula 120 CEP 01239-030
São Paulo SP Brasil
Tel/Fax (11) 3081-5741 Tel (11) 3881-5739
Email: biruta@editorabiruta.com.br
Site: www.editorabiruta.com.br

Impressão e acabamento: Gráfica Aquarius

RUBENS MATUCK é artista plástico, escultor, escritor e faz desenho gráfico. É autor de mais de trinta livros infantis e em quinze deles cuidou não só das ilustrações como também do texto.

A fauna e a flora brasileira são os temas destes livros. Publicou pela Editora Biruta os títulos da série Natureza Brasileira sobre animais em extinção e as regiões do país. *O Lobo-guará*, *A Baleia-corcunda*, *O Beija-flor-de-topete* e *A Ararajuba* receberam o prêmio Altamente Recomendável da Fundação Nacional do Livro Infantil e Juvenil (FNLIJ) em 2004. Sobre as regiões brasileiras foram publicados três títulos pela Editora Biruta: *A Caatinga*, *O Pantanal* e *A Amazônia*.

Rubens Matuck recebeu prêmios como o Jabuti de Melhor Ilustração de Livro Infantil em 1993 e o do Salon du Livre de Jeunesse (Paris, 1992).

Oi! Eu sou um baleote,

isto é, um filhote de baleia.

Nós nascemos nos trópicos
que é uma região mais quente que a
Antártica, para onde as baleias adultas vão todos
os anos em busca de alimento.

Nasci faz pouco tempo e fiquei um ano na barriga da mamãe antes de nascer.

Eu vivo na água, mas não sou peixe.

Sou muito curioso e brincalhão. Adoro novidades e, quando não estou mamando, estou nadando por aí.

Eu tenho que aprender muitas coisas e aprendo até respirar fora d'água.

Todos os anos, nos trópicos nós cantamos.

Somos uma família de cantores.

Cada ano cantamos uma música nova,
mas sempre repetimos um pedaço
da música do ano que passou.

Viver no mar é muito difícil e perigoso,
por isso andamos sempre em grupos.

Nós gostamos muito de brincar.

Eu e meus amigos estamos
crescendo e ficando fortes.

Já estamos quase em condições de partir para o sul
junto com nossas famílias e enfrentar o frio da Antártica.

Quando chega o verão na Antártica,
a luz e o calor aumentam e isto faz com que um
animalzinho chamado Krill se reproduza em grande
quantidade. Este é o alimento predileto das baleias.

Nós não temos dentes, temos barbatanas, uma porção.

Quando vamos comer, abrimos a boca e junto com muita água entra uma porção enorme de Krill.
Daí fechamos a boca, a água sai pelas barbatanas e eles ficam presos lá dentro.

Gosto de pular e saltar fora d'água.

Quando uma começa, logo outra continua
e, de repente, acontece um festival de acrobacias.

Assim passamos o tempo.

Entre brincadeiras, alimentação e defesa do grupo.
Agora, está ficando cada vez mais frio.
Sinto que logo chegará o tempo de voltar para os trópicos.